全日本剣道選手権者の稽古

全日本剣道選手権者の稽古／目次

稽古は最初から全力を出す 先の技を常に意識しています

髙鍋進

たかなべ・すすむ／昭和51年熊本県生まれ。PL学園高校から筑波大学に進み、卒業後、神奈川県警察に奉職する。主な戦績として、世界選手権大会団体優勝3回・個人優勝、全日本選手権大会優勝、全国警察大会団体優勝4回・個人優勝4回、全日本選抜七段選手権大会優勝などがある。現在、神奈川県警察剣道特練コーチ。剣道錬士七段。

新人時代に驚愕 現首席師範宮崎先生の稽古

わたしは筑波大学を卒業後、平成11年に神奈川県警察に入りました。選手として各種大会で活躍したいと考え、神奈川県警の門を叩いたのですが、まずは稽古内容の烈しさ、内容の濃さに圧倒されました。

当時、キャプテンは現在首席師範の宮崎正裕先生がつとめていらっしゃいました。宮崎先生の実績はあらためて紹介するまでもありませんが、全日本剣道選手権6回優勝をはじめ、世界選手権大会、全国警察大会などで数々の栄冠を手にされていますが、その宮崎先生のもと稽古をさせていただいた日々が、特練員としてのわたしの原点になっています。

宮崎先生は道場に入ったときからすべてが真剣そのものでした。素振り一本から全力で行なっており、すべてが一本に直結する内容でした。打ち込み稽古も全身全霊で行なっており、元立ちをつとめる際も、打つとき以上に気を張り、緊迫した雰囲気をつくられていました。

素振り・打ち込みなど基本稽古は剣道を始めたときから、そしてPL学園、筑波大学でも行なっていましたが、その内容の違いに驚くとともに、このような稽古をしなければ日本一にはなれないと強く感じました。また、宮崎先生を信じてついていけば、必ず強くなれると思いました。

機会をつくって打ち切る稽古は常に先の技を出す

神奈川県警の稽古は素振り、切り返し、打ち込み、掛かり稽古、追い込み、地稽古といたってシンプルです。神奈川独自の稽古法はほとんどないと思いますが、求められたのが常に先の技を出すことです。とくに先生方にお願いする指導稽古では機会と感じたところで積極的に打つことを求められました。先生方の動作をうかがうのではなく、掛かり稽古のような気持ちで常に仕かけて打つのです。息をつく暇がありませんので当然、稽古は苦しく、倒れそうになったこともあります。しかし、返し技のような後の先の技はもちろん、出ばな技を狙うようなことも戒められました。とても苦しい稽古でしたが、この稽古から逃げては次のステージに上がれないと思い、必死についていきました。全国警察大会で

第15回世界剣道選手権大会個人戦決勝で突きを決め、頂点に立った

は団体戦で不利な状況に立たされたとき、必ず有効打突を奪いにいかなければならないときがあります。それこそ構えていることが許されないほど、攻めていかなければならない局面があります。例えば大将戦、二本勝ちで代表者戦に持ち込まなければならないようなときです。そういった状況に遭遇したとき、普段、そのような状況を想定した稽古をしていなければ絶対に対応することができません。それが常に先をかけていく稽古、積極的に仕かけていく稽古でした。

出場8回で念願の天皇盃
世界大会は４回の日本代表

わたしは第58回全日本剣道選手権大会で初優勝を果たすことができました。毎年、「今年こそ」という気持ちで臨んではいましたが、なかなか天皇盃に手は届きませんでした。

転機となったのはやはり世界大会（２００６年・第13回大会）での敗戦です。初めて日本が負けた試合で、言葉で表現できないほど落ち込みましたが、そのようなときでも「髙鍋は必ず優勝できる」とたくさんの方から激励をいただき、それが支えとなりました。それでも世界大会の敗戦から天皇盃を獲得するまでは4年かかりましたが、とにかくあきらめなくてよかったです。

日本一をとったあとモチベーションが落ちるのではないかと思ったのですが、不思議とそのような気持ちにはなりませんでした。「また予選から挑戦して日本武道館に立ちたい」と心底思いました。わたしが優勝させていただいた翌年から前年度優勝者の枠は撤廃されましたので、そのことで緊張の糸が切れなかったのかもしれません。

世界大会に関しては前回大会（２０１１年・イタリア大会）で急遽、キャプテンとしてチームをまかされました。団体・個人戦に参加させていただき、どちらも優勝することができましたが、これも日々心がけてきた最初から全力で稽古、常に先をかける稽古を心がけてきたからかもしれません。

現在は剣道特練コーチとして監督をサポートし、選手をより強く、勝つ集団にする手伝いをさせていただいていますが、わたし自身もさらに剣道を向上させるべく、日々の稽古に精進していきたいと思っています。

素振り

物打ちの高さ・目線・左足の引きつけ背中を意識して振るようにしています

素振りは一般的に稽古の始まりに行なうものであり、準備運動のようにとらえてしまいがちです。しかし、素振りは正しい竹刀操作の修得には必要不可欠な稽古であり、刃筋を意識し、一本一本を真剣に、すべて有効打突に直結するような振り方をめざして実践しています。竹刀を振ったときの物打ちの高さ、目線の位置、左足の引きつけなどに気をつけて素振りをするようにしています。

また、剣道では「手で打つな足で打て」と教えているように、手打ちにならないよう左足の引きつけを素早くすることはもちろんですが、背中を意識して振るようにしています。まず肩甲骨を寄せるような気持ちで竹刀を握り、下腹に力を入れて構えます。そして腹筋と背筋で竹刀を振り上げるような感覚で、手先だけでなく身体全体で竹刀を振るようにしています。

以下、各種素振りで取り組んでいることを紹介いたします。

【三挙動】

三挙動の素振りは、左足で蹴り出して一拍子で振ります。このとき竹刀の剣先が走り、物打ちに力が入るように心がけています。

左足を引きつけたときに勢いがつきすぎると姿勢が崩れやすくなりますので注意しています。面を振り抜いたのち、中段の構えに戻りますが、このときも気を抜かないようにしています。

【前進後退面】

前進後退面は素振りのなかでもっとも一般的なものだと思いますが、足を送る際、足幅が常に一定になるように心がけています。

【前進後退左右面】

左右面は、竹刀をまっすぐに振り上げ、ここから手首を返して左面、右面と交互に振ります。このとき左拳を正中線からなるべく外さないようにし、仮想敵の左右面をしっかりととらえるようにしています。

【前進五歩後退五歩】

この素振りは面打ちを前進五歩、後退五歩をくり返すものです。前進する際は左足で右足を押しだすようにし、後退する際は右足で左足を押しだすようにして、後ろ足の力を使って足をさばくようにします。前進後退ともに足幅を一定にさせますが、連続で前進後退をくり返しますので足に負担が相当かかります。疲れてくると足幅が一定にならなくなってくるので、なるべく意識して足幅を整えるようにします。

【早素振り】

早素振りは前後に跳躍しながら行ないますが、素早い動きで足を動かしますので、左足を引きつけたとき、右足を追い越してしまうことがよくあります。これでは正しい素振りにはなりませんので、跳んだあとはいつも基本の足幅になるように心がけています。

【腰割素振り】

腰割素振りは腰を床に対して垂直に落としながら行なう素振りです。やや足を開いて構え、腰を落とすとともに竹刀を振り下します。この素振りを行なうときは、身体の軸をぶらさず、床に向かって垂直に身体を落とすようにしています。

【半月の素振り】

半月の素振りは、左右の足を交互に踏み出すものです。振りかぶった状態から、大きく一歩踏み出しつつしっかりと腰を落として竹刀を振り下します。右足を踏み出したら構えに戻り、次は左足を踏み出します。剣道は左右のバランスが非常に重要であり、左右の足を交互に鍛えることも目的にしています。

切り返し

打突部位をしっかりとらえ、一呼吸で打ち込むようにしています

切り返しが調子のバロメーターになっている

切り返しは正面打ちと連続左右面打ちを組み合せたもので、もっとも重要な稽古法の一つであることは周知の通りです。「大強速軽」の教えのとおり身体全体を使って大きく、一つひとつの動作を正確に行ないますが、強く、速く、軽やかに行なうことを心がけています。

わたしにとって切り返しはその日の調子のバロメーターになっています。調子がよいときは竹刀を軽やかに、リズミカルに振ることができますが、疲労がたまっていたりすると竹刀の振りが遅くなり、どうしても切り返しをすることがきつく感じます。

左右面も一本一本が有効打突になるようしっかりと打ち切る

切り返しを行なう際はだれもが注意しているとは思いますが、正面打ちを全身全霊で打ち切ったあと、左右面はしっかりと打突部位をめがけて打ちます。竹刀で受けるとどうしても頭の上の部分を打ってしまいがちですが、それでは左右面になりません。苦しくても打突部位をめがけて打っています。

また、切り返しは元立ちの役割も重要で、元立ちが気を抜いていると、掛かり手は気力充実させた切り返しができません。よって掛かり手以上に気を張って元立ちを受けるようにしています。

打ち込み稽古

攻め崩しを意識して単調なリズムで打ち込まないようにしています

縁を切らず、詰めた稽古で実戦に近づける

打ち込み稽古は元立ちが空けた部位に対して鋭く打ち込んでいくものです。あらかじめ打突部位をきめて打ち込む方法と打突部位を決めずに打ち込む方法がありますが、神奈川の場合、部位を特定して打ち込む稽古を主に行なっています。

打ち込み稽古は元立ちが打突部位を空けますが、とくに注意しているのは気を張って攻めること、打ったあとは気を抜かず、すぐに打てる体勢をつくることの二点です。

一本に直結する打ち込みは約束稽古であっても気を張っていることが必要不可欠です。元立ちが掛かり手以上に強い攻め気をも

面の打ち込み

って対峙し、「ここだ」という機会にわずかに剣先をゆるめるなどして打ち込ませます。掛かり手は打てる体勢をつくっておき一気に打ち込みます。

中心を攻めて面を打つときはそのまま素早く抜けていき、瞬時に振り向き、再び間合を詰めて面を打ちます。瞬時に面を打ちますが、機械的に打つのではなく素早い体勢づくりのなかで、「いつでも打てる」という気持ちをつくっておくことを心がけています。

小手と突き
腰を入れて下半身で打ち切る

小手は面・小手・胴・突きの打突部位のなかでもっとも近い位置にあります。攻めて相手が崩れたところを打つことが理想の機会ですが、もっとも近い距離にあるので、狙いやすいと錯覚しがちです。一本を先取されたときや、相手が守りに入ったときに安易に出してしまうことがありますが、近い距離にあるからこそ気持ちを充実させ、相手の身体を突き抜けるような気持ちで打つようにしています。「相手の右足を踏む気分で打つ」「相手の右肩に自分の右肩をぶつけるような気分で打つ」などの教えがありますが、打ったあとは素早く相手に体を寄せていくようにしています。

突きは四つの打突部位のなかでもっとも小さく、実戦で多用する技ではありません。しかし、実戦で「互いに動けば打たれる」といった緊迫した状態のとき、諸手突きは有効な技です。常に「隙あれば突く」という構えができていれば、機会と感じたとき、

小手の打ち込み

突きの打ち込み

無意識に身体が仕事をしてくれるはずです。よって突きの稽古も普段から欠かさないようにしています。

突く際は、必要以上に腕を伸ばすと、腰が残ってしまい、うまく突くことができません。腰から移動するような気持ちで足腰で突くようにしています。

小手面

小手を防御したところに面を打つ

　小手面の連続打ち込みは素早く左足を引きつけて打つことが重要と考えています。小手は面を決めるための布石ではなく、小手も面も一本になるように打ち切るようにしています。

　次の面を打つことを想定して小手を打つと、本番ではよほど実力に差がない限り決めることはできません。小手を本気で決めにいくから相手は「危ない」と感じて防御します。この防御によってできた隙に面を打ち込むのです。

　本番では中途半端な小手を打ってしまうと、逆に返されてしまいます。返されない小手を打つには一本になる打ちを出すことですが、左足を素早く引きつけ、相手に体を寄せるようにしています。小手を打つとき、目線が下がると姿勢が崩れやすくなりますので、体勢はなるべく崩さずに、瞬時に面を打つようにします。

　小手面の打ち込みは小手・面とまっすぐに打ち込んでいく方法

小手面の打ち込み

が一般的ですが、実戦でこのような状況で打てることは少ないので、わたしは相手に小手を防御してもらい、そこを打つようにしています。

実戦ではその場で小手を防ぐときと、後退しながら防ぐときがありますので、防ぎ方により間合を調整する必要があります。

技の開発

数を増やすより精度を高める確実に一本にできる技に磨きをかけています

技の開発は、休日に道場に来て工夫・研究を重ねた

わたしは小さい頃から面が得意で、ＰＬ学園、筑波大時代も面一本で勝負をしてきました。警察に入れていただいてからも面の精度を上げ、面に磨きをかけることに主眼を置いていました。しかし、年齢とともにスピードは落ちてくるし、太刀筋が読まれるようになりました。そこで研究をするようになったのが小手です。どうしたら小手が得意技として自分のものになるのかを工夫・研究するようになりました。

実戦では、相手にできた隙に対して、的確な技を出すことが重要です。試合中にはさまざまな予期せぬ状況が次々と現れますが、その状況に合わせて技をくり出せることが大切です。そう考えるといつでも対応できるよう持ち技をたくさん増やすことに目がいきがちですが、そうではなく、小手もいくつかにしぼって研究しました。

わたしは面が得意技ですので、面が生きる小手をまずは研究しました。小手は相手の手元が上がろうとしたところが打突の機会です。間合の入り方、竹刀の軌道など時間をかけて考え、稽古をくり返しました。このような稽古は特練員全体の稽古ではできませんので休日に道場に来て行なうようにしていました。

技を増やすことも大切だが、確実に一本にできる技を磨き上げることはもっと大切

仕かけて面
起こりは小さく、強く、鋭く打ち切る

　面技に関してはわたしの剣道の根幹であり、ＰＬ学園時代の恩師である川上岑志先生から教えていただいたことが土台となっています。川上先生からは「面は起こりを小さく、強く、鋭く打つこと」と教えていただきました。

　中心を攻めて面を打つときは、打ち間に入るまでに細心の注意を払っています。相手の剣先を制して気持ちの上では打てる間合からさらに半歩入るようにしています。こうすることで小手や胴を打たれるのを防ぐのです。

　また、左右の攻めから中心を取って面を打つこともありますが、これは表裏を使いつつ、右前に身体をさばきながら攻め入ると、わずかに角度をつけた分、中心を制する機会が生まれます。表鎬を相手の竹刀の中結に乗せるような気持ちで中心を取ります。そこから機会を逃さず、一気に面を打ちます。

　出ばな面は相手に圧力をかけるなかで、相手が攻めて出てきた瞬間をとらえます。起こりを小さくしてコンパクトに打ち込むことを心がけています。剣先は上から下へ落とすように、小さく鋭く打つようにします。竹刀の軌道は最短距離で振るようにしますが、手打ちにならないよう振り抜くようにしています。

中心を攻めて面を打つ

表から中心を制して面を打つ

出ばなに面を打つ

仕かけて小手

防御の体勢を予測してコンパクトに打つ

小手はもともと苦手な技で、なぜ打てなかったのかというと、攻めが足りなかったのだと思います。遠い間合から攻めずに打っていけば、いくらスピードがあっても簡単に避けられてしまいます。打つことよりも攻めることを意識すると相手の手元が浮くことを感じ取れるようになりました。

中心を攻め、相手が中心を取り返しにきたときは、その反動を利用してまっすぐに打ち込むようにしています。取り返しにきた分、相手の剣先がわずかに外れます。そこに小手を打ちます。

また、面を防御しようとした相手は手元が浮きます。もともと面が得意技ですので大きく手元が上がることもあります。大きく上がった手元に小手を打とうとしても軌道が大きくなるので、避けられてしまいます。よって現在は面打ちと同じように中心を取って攻め入り、相手の手元の上がりを予測して、竹刀と平行に打つようにしています。

さらに剣先がやや高めの相手には、相手の竹刀の下に剣先をつけ、手元を攻めることで面を誘います。攻めがきくと相手の手元が浮きますので、そこに下から鋭く小手を打ちます。

中心を取って小手を打つ

手元が浮いたところに小手を打つ

下から攻めて小手を打つ

諸手突き
間合を詰めて中心を攻めるように突く

小手が決まるようになったことで、相手は小手も警戒して手元を上げなくなることが多くなりました。剣道は構えた姿勢を維持できれば面や小手を打たれることはありません。そこで次に磨きをかけたのが突き技でした。突きはもともと得意技の一つでしたが、相手が小手を警戒することで、機会が増えました。突きはわずかに相手の剣先が開けば機会が生まれます。小手を警戒し、わずかに手元を表に開けば、咽喉部が空きますので、そこを突くのです。

諸手で突くときは面や小手と同じように攻め、相手が小手を警戒してわずかに手元を動かしたら躊躇なく突きます。また、相手が「構えを崩すまい」と固くなったときは居ついたときですので、その場合も突く機会です。剣先を極力動かさないように間合を詰め、まっすぐに腕を伸ばせば突くことができるという感覚を得た瞬間に突いています。

また、表からやや強めに攻め入り、相手が居つけば、このときも躊躇なく突くようにしています。やや身体を右斜めに開きながら剣先を表からすり込むようにして突きます。

突きを出したあとは、しっかりと手元に竹刀を戻し、残心をとります。突いたままにしてしまうと、その後、部位から外れてしまう恐れがあるので、すばやく構えを整えるようにしています。

中心を攻めて諸手で突く

表から入り、諸手で突く

応じ技
小手を狙ってきた相手は面で封じる

わたしは面を得意技としていますので、その手元の上がりに小手を狙われることが多くありました。その小手より早く面を打つことをめざしてきましたが、年齢とともに相手の小手を引き出して打つことも研究するようになりました。

小手に対してかぶせて面を打つときは、こちらが中心を攻め、打ち間に入る過程で相手が出小手を狙ってきます。この小手を狙って出てきたところに表鎬に相手の竹刀を乗せて面を打ちます。

左足をいつでも打てる状態にしておき、瞬時に対応します。

相手が小手を打ってきたときは状況に応じて返し面、すり上げ面で対応するようにしています。小手返し面は、相手の小手を表鎬で受け、瞬時に面を打つ技です。相手の小手を迎えに行くような気持ちで手首を柔らかく遣って打つようにしています。

小手すり上げ面は、表からすり上げる場合と、裏からすり上げる場合がありますが、わたしの場合、小手を引き込みながら裏鎬を使ってすり上げるようにしています。すり上げる動作は最小限の動きで行ない、すり上げたときには面を打っているようなイメージで素早く技を出しています。

小手に対して面をかぶせて打つ

小手を返して面を打つ

小手を裏鎬ですり上げて面を打つ

掛かり稽古

無心の状態でも姿勢を崩さずすべて一本にする気持ちで技を出しています

掛かり稽古は、無我夢中に相手に向かってひたすらに打ち込んでいく稽古法です。とても苦しい稽古法ですが、姿勢を崩して打っても効果は上がりませんので、苦しいなかでもすべて有効打突の条件を満たした技を出すように心がけています。

掛かり稽古は、体力の続く限り全身を使って打ち込む稽古法であり、途中、元立ちは打突をかわしたり、さばいたりするので姿勢が崩れやすくなります。しかし、こうしたさばきに対してもすぐに姿勢を立て直し、なるべく姿勢を崩さず、正しい打突を心がけることが大切であり、それを実行するようにしました。

苦しくなると当然、足の動きが悪くなります。打突後の左足の引きつけが遅くなり、打ち抜けるスピードも落ちてしまいます。数をかければ当然、そのような状態になりますが、一本目から最後まで同じような勢いで稽古ができるように取り組んできました。

とくに意識したのは左足です。細かい足の運びで間合を詰め、左足で踏み切り、打突後は瞬時に左足を引きつけます。打ち抜けの際はなるべく左足が右足を追い越さないようにし、すばやく次の打突ができるように整えます。

掛かり稽古には体当たりも入れますが、

掛かり稽古は一本にする気持ちで技を出し、姿勢を崩さないことを心がけている

体当たりは打突後の余勢で自分の身体を相手の身体に当てて、相手の気勢を挫いたり、相手の体勢を崩したりするものです。試合では体当りから打突の機会が生じることが多くありますので、体当たり後は瞬時に技を出せるようにしています。

疲れてくると身体の軸がぶれ、からだの動きにロスが出ますので、技を出すことも大事ですが、まずは姿勢を崩さないという意識で臨んでいます。そのような気持ちで取り組んでいると、正しい姿勢を維持できるようになりました。

追い込み稽古

出足と踏み込みに気を配りしっかりと打ち込むようにしています

追い込み稽古は道場を縦に使って、下っていく元立ちの打突部位を連続で打ち込んでいく稽古法ですが、神奈川の場合、道場が

面払い面の追い込み

一試合場程度の広さなので、道場を斜めに使って行なっています。

追い込み稽古の内容は日々の稽古によって異なりますが、大きく面、小さく面、小手面、払って面の4種類ですが、いずれもすべてを一本にする気持ちで行ないます。打突部位をとらえることを意識しすぎると打突の強度が弱くなります。このような打ち方では有効打突の条件を満たすことはできませんので、厳しいですが、すべて一本にする打ちを出すことが大切と考えています。追い込み稽古ではとくに出足、右足の踏み込み、左足の引きつけ、正確な竹刀操作などが重要です。

面の追い込みは大きく打つ、小さく打つ方法の2種類を行なっています。大きく打つときはしっかりと振りかぶり、打突部位を正確にとらえます。小さく打つときは、動作が小さくなるので打突の強度が弱くならないよう、すべて有効打突の基準を満たすような打ちを心がけています。

小手面の追い込みは、小手面を連続で約3回打ち込みます。面を打ったとき、腕が上がり過ぎると、次の小手を打ちにくくなりますので、腰を中心とした体移動で面を打ち、すぐに小手、さらに面を打つようにしています。

面払い面の追い込みは、一本目に面を打つとき、元立ちは大きくさがって掛かり手に空を切らせます。そこから払い面を連続で打ち込みます。実戦では面を避けるとき、大きく後方に体をさばくことがありますが、このとき瞬時に左足を引きつけ、二の太刀、三の太刀につなげることが大切です。その稽古を、この追い込みで行ないます。

残り30秒

劣勢な局面を設定し 必死の一本を求めて無心で打ちかかります

「残り30秒」と呼んでいる稽古法は、試合の場面を設定し、その場面を想定しながら一本を取りにいくものです。「残り30秒」は文字通り、5分の試合時間の残り30秒、掛かり手は一本取られていると想定しています。劣勢に立たされている場面、しかも残り30秒という絶体絶命の状況で一本を取りに行くことは容易ではありません。構えている余裕はなく、とにかく先をかけて相手を

試合時間残り30秒、一本先取されていることを想定し、一本を取りにいく

追い込んでいくしかありません。ただ、闇雲に技を出しても、単に打突の機会を相手に与えるだけになってしまいますので、無我夢中で攻める中でもしっかりと一本を取りに行くことが求められます。

団体戦では必ず一本を取りに行かなければならない局面があります。ポジションが副将、大将とうしろにいけばいくほど絶体絶命の機会は多くなります。そのような劣勢に立たされたときでも冷静さを失わずに確実に一本を取ることが、この稽古の目的です。イメージとしては30秒間、一本を取りにいく掛かり稽古をしているのと同じです。意識が朦朧とすることもありますが、そこで出た一本が本当の技だと思い、取り組んできました。

元立ちは相手の攻撃をかわすだけではなく、技が尽きたところなどで反撃を試みるなどして、応戦します。基本的には、掛かり手の攻撃をかわすことが中心になりますが、守っているばかりでは30秒間は持ちこたえられません。実戦では相手の焦りを誘い、一本を狙うことはよくあります。掛かり手の技を見極めつつ、鍔ぜり合いで機会と感じれば引き技を施すなどして、本番同様の試合展開をつくるようにします。

今回は「残り30秒」という設定で紹介していますが、「残り1分」など場面設定を変えながら行なっています。

小さい目標、大きな目標を設定すると寝るときも剣道を意識するようになりました

寺本将司

てらもと・しょうじ／昭和50年熊本県生まれ。熊本工大高から国際武道大に進み、卒業後、大阪府警察に奉職。世界選手権大会個人・団体優勝、全日本選手権大会優勝、全国警察官大会団体優勝・個人準優勝、全日本都道府県対抗優勝など。第16回世界剣道選手権大会日本代表コーチ。現在、大阪府警察剣道特練コーチ。剣道錬士七段。

大阪府警のレベルに驚愕 弱い人間は稽古をするしかない

私は平成10年に国際武道大学を卒業し、大阪府警に入りました。もともと高いレベルで入れていただいたのではないので、特練のレベルの高さ、意識の高さに驚きました。

弱い人間がこの特練の世界で生き残るには、人より稽古をするしかない。それを試行錯誤しながらやっていきました。小さなことですが、自分の時間を使って鏡に向かって構えなどを確認するようになりました。それを続けているうちに「あそこも足りない、ここも足りない」と考えるようになり、「明日の稽古で何をすべきか」を考えるようになりました。いわゆる目標設定です。目標を設定して稽古に臨むと、苦しい稽古ですが、積極的に取り組めるようになりました。

反対に、なにも考えずに稽古に入ってしまったときは、同じメニューをやっているのに無駄に過ごしていると思うようになりました。稽古時間は1日約5時間です。なにも考えずに稽古をしていたら追いつけないと思うようになりました。

大阪府警というところは自分で考え、自分で工夫して稽古をすることが求められます。先生方が細かく指導するのではなく、方向性を示した内容に対し、あとは自分で稽古をするしかありません。そのような習慣をまずは身につけさせてくれたことに感謝しています。

小さい目標と大きい目標 小さな達成感を積み重ねる

大阪府警に入ったとき、目標はもちろんレギュラーになることでした。しかし、レギュラーになるには段階があるので、そこに近づくための小さな目標を設定しました。

例えば、間合を詰めるときに手を動かしてから入るのか、動かさずに入るのか、入ってから剣先を動かすのかなどを使い分けるようにしました。攻め口を増やすことが目的です。当然、相手によって反応が違います。これをくり返し、自分のものにするようにしました。

ただし、1回うまくいっても次にうまくいくとは限りません。特練員は目がいいので、パターンを読む感覚にすぐれています。ここをさらに工夫して、さらに攻め口を増やすようにしました。

成功と失敗をくり返しながら、切磋琢磨していきます。当然、失敗することのほうが多いのですが、少しですが、成功するときもあります。剣道は工夫したものがすぐにものになるはずはないので、根気のいる作業ですが、工夫なしには上達できないと考え、続けてきました。

目標は本当に小さなものです。振り返りをはやくする、左足の引きつけをはやくするなど、誰もが心がけていることだと思います。しかし、それだけを意識していると、ちがうところが見えてきて、新しい発見がありました。

これらの小さな目標を達成できているかどうかが、上達の尺度になりました。我々は一日一日が勝負の世界ですので、一日も無駄にできないと思うようになりました。ただし、悲壮的なものではなく、やるべきことがたくさんあるので、稽古が楽しくなりました。

「明日これをやってみたらうまくいくかもしれない」

そう考えられるようになりました。一日の稽古を一所懸命集中してやる。その積み重ねが選手につながったのだと考えています。寝るときも剣道のことを考えるようになりました。

我々が実践している大阪府警の稽古は80パーセントが基本のくり返しです。本番で勝利を得るためには、その基礎となる土台をつくらなければなりません。それをくり返しながら稽古を続けています。

本番で失敗は許されませんが、稽古で失敗することは大いに許されます。見事に打たれれば、機会を知ることになりますし、注意するようになります。よって稽古では打たれることをおそれず、積極的に技を出すようにしています。

私は本年、剣道特練をしりぞき、コーチの末端として指導者の道を歩むことになりました。しかし、稽古の求め方などはなんら変わることがありませんので、これからも精進していきたいと考えています。

素振り

打突の基本は素振りでつくるしかないと考え、取り組んでいます

素振りをくり返し、身体の軸を安定させる

素振りは、剣道の原則的な内容を体得するためにたいへん重要な稽古法ですが、有効打突の条件に合致した打ちを身につけるには、本当に欠かせない稽古法であると感じています。素振りを続けることで安定した構え、強い打突、冴えを生み出す手の内などがつくられると考えています。

素振りは竹刀を振るので上半身に意識がいきがちですが、大切なのはむしろ下半身です。左足を軸として右足を送りだすようにし、素早く左足を引きつけます。このとき、自分の目線を一定にします。剣道は目線を一定にすることが大切といわれていますが、この一定にする動作は素振りで身につけることができると考えています。身体の軸を安定させることをめざして振るようにしています。

以下、各種素振りで取り組んでいることを紹介させていただきます。

●前進後退面

前進後退面はもっとも一般的な振り方だと思いますが、身体の軸をぶらさないようにしています。下半身始動で行ない、相手の耳まで振り下ろすような気持ちで振るようにしています。

●左右面

左右面は、竹刀をまっすぐ振り上げ、ここから手首を返して左面、右面を振り下ろしますが、しっかりと手首を返すようにしています。

●跳躍素振り

あまり得意ではないのですが、振ったときに力が抜けるようにしています。一本振ったら次にそなえるために瞬時に力を抜くようにしています。肩を充分に使って振るように心がけています。

●股割り素振り

大阪府警の稽古だけでなく、強化訓練講習会でも行なっていました。目線を安定させ、腰を落とすとともに竹刀（木刀）を振り下ろします。下半身を安定させることが目的ですので、なるべく下半身に負荷をかけるように振っています。

切り返し

遠間から全力で打ち込み、一本一本きめて打つようにしています

調子で打たない。最後の面まで全力で打つ

切り返しはまず近い間合ではじめないように注意しています。遠間から足を送り、一本目から全力で打つようにしています。そこから左右面に入りますが、一本ごとに打ち切るようにしています。打ち切りを意識しながらなるべく素早く振るようにしています。

このとき注意していることが、調子で振らないということです。連続打ちでも自分の中では相手の受ける竹刀が押されるくらいの気持ちでしっかりと打つようにしています。実戦では「パンパン」と調子で打つような場面はなく、いずれもしっかりと打つことが求められます。左右面は手首を返しながら打ちますが、まっすぐに打つときと同じような強度で打つことを心がけています。そして最後の面打ちは息をつがず、全力で打ち切ります。打ったあとは一気に打ち抜け、振り返るまで気持ちを切らないようにしています。もっとも苦しいところですが、ここで有効打突の条件にかなった面を打つことができれば、実戦にもつながると考えています。

左右面は調子で打たない。一本一本打ち切る

打ち込み稽古

遠間から自分の筋肉ですり足を行ない、正しい姿勢を維持するようにしています

小さく鋭いすり足が実戦に直結した技をつくる

大阪府警の打ち込み稽古は剣先が交わらない遠い間合で構え、そこからすり足で間合を詰め、大きく三本、連続で打ち込むようにしています。主に面、小手、小手面です。その後、体当たりと引き技を交えた連続打ち込みを行なっています。

間合を詰める際、すり足を使いますが、このとき注意している

面の連続打ち込み

のが足の送り方です。勢いで送り出すのではなく、自分の筋力を使って小刻みに行ないます。見た目以上に足に負荷がかかりますが、この使い方が実戦につながると考えています。

試合では防戦に入った相手を攻め崩さなければならない局面があります。このとき、緻密で鋭い足の送りが必要になります。我々は「追い足」と言っていますが、この追い足を遠間からの打ち込み稽古でつくるようにしています。

打突の際は相手を飛ばすくらいの勢いで打ちます。そして打ったあとは小さく早く打ち抜け、素早く構えます。試合ではゆっくり構えをつくっている時間はありませんので、そこを意識して行なうようにしています。

打ち込み稽古は、打ち込んだときに体勢を崩さないようにしなければなりません。正しい姿勢を自分の筋力で維持しながら刃筋正しく打つことを心がけています。打ち込んだ技は必ず一本にする覚悟で打っています。打突に力強さをつけるために最大限の力で打突部位をとらえるようにしています。

小手面の連続打ち込みは素早く左足を引きつけて打たなければならないので、どうしても調子で打ってしまいがちです。小手も面も百パーセントの力で打たなければなりませんが、姿勢を崩さずに打つことは容易なことではありませんので、小手で自分の勢

小手面の連続打ち込み

体当たりを交えた連続打ち込み

いを殺さず、小手も面も一本になるように打ち切るようにしています。

面体当りは、面を打ったあとに自分の腰を相手の腰にぶつけていくものですが、体当たりを想定して面を打つと、姿勢が崩れた状態で行なってしまいがちです。それでは意味がありませんので、正しい姿勢で技を出し、その勢いで体当りをして、さらにその反動で引き技を打ち、すぐに面を打つようにしています。

大阪府警では、面体当り引き面、面体当り引き小手、面当たり引き胴、そこからすぐさま跳び込み面を打つことで一セットとしています。

とくに注意しているのは引き技を出すときです。体当りを勢いよく行なわないと充分に間合を切れず、有効打突の条件に合致した引き技を打つことができません。引き技も必ず一本にするように打っています。また引き胴から前に出る面を打つときは姿勢が崩れやすくなるので、すぐに姿勢を整えて面を打つようにしています。

追い込み稽古

下がる相手を追い越すくらいの勢いでしっかりと打ち込むようにしています

移動する打突部位を全力でとらえる

追い込み稽古は道場を縦に使って、下っていく元立ちの打突部位を連続で打ち込んでいく稽古法です。大阪府警独特の伝統的な稽古法とも言えますが、止まっている相手ではないので、打突部位を正確にとらえるのに特練員になった直後は苦労しました。

追い込み稽古は面、小手面、小手面胴の3種類ですが、打ちをおきにいくような打ち方では意味がありませんので、ここでもすべて一本になるような打ち込みを心がけます。一本目から最後の

面の追い込み稽古

技を打ち切るまで息を継がずに行なうようにします。

当然、打突部位をはずすこともありますが、はずれるのを覚悟で全力で打ちます。下がる相手を追い越していくくらいの気持ちで打ち込むようにしています。かなりスピードが出ますが、ここでも走ることをせず、必ず送り足で行ないます。

追い込み稽古を行なうなかでスピードと打突の強度、体さばきの正確さなどを身につけるように心がけています。

小手面の追い込み稽古は、小手面を3回連続で打ち込みます。面を打ったとき、跳ね上がるような打ち方をすると、次の小手を円滑に打つことができません。腰を中心とした体移動でしっかりと面を打ち、すぐに小手、さらに面を打つようにしています。

連続で6本打ち込みますので、肉体的にも追い込まれますが、必ず一息で行ないます。足を送る際、左足はなるべく右足を追い越さないようにしています。しかし、実際には勢いがつきすぎて追い越してしまうこともあり、とくに注意をしています。

小手面胴の追い込み稽古は、下がる相手に小手・面・胴・面・

小手面の追い込み稽古

小手面胴の追い込み稽古

面と5本連続で打ち込みます。最初の小手・面・胴・面は元立ちにかわしてもらうのですが、ここでも体勢を崩さずに打つようにします。最後の面は、元立ちが面をあけるのでしっかりと打ち切ります。かわしてはもらえるものの、胴を打つときに姿勢が崩れやすくなるので、ここでも身体の軸を安定させ、斜めに竹刀を振りおろしても姿勢を崩さないようにしています。

この追い込み稽古は、実戦で有効打突を打つための土台づくりです。瞬時に勢いのある技を出すには、どんな状況でも姿勢を崩さずに打てるようにならなければならないと考えています。

かかり稽古

無我夢中にかかるなかでも一本になる技を出すようにしています

苦しくてもなるべく姿勢を崩さない

かかり稽古は無我夢中に相手に向かってひたすらに打ち込んでいく稽古法です。気力をふりしぼり、元立ちに技をいなされても体勢をすぐに立て直して打ち込んでいくことが求められます。

無我夢中に気力が続く限り打ち込んでいく稽古法ですが、姿勢を崩して技を出しても有効打突の条件にかなった技にはなりません。苦しい稽古ではありますが、なるべく姿勢を崩さず、いままで紹介してきた稽古と同様に、すべて一本にする気持ちで打ち込

んでいます。

かかり稽古の時間は、状況にもよりますが1回20秒から30秒くらいです。元立ちはかならず竹刀で掛かり手の技をいなす動作を入れますので、体力の消耗は激しいものがあります。体当りも必ず行ないます。また、一息のかかり稽古、相かかり稽古なども行なっています。一息のかかり稽古は文字通り息が続く限り行ないます。また、相かかり稽古は互いの持っている力を全力でぶつけあいますが、「絶対に負けない」という気持ちで打ち込んでいます。

技の開発

稽古の8割が基本のくり返しです この基本が技を生み出すと考えています

眼に見えないレベルで変化をつける

大阪府警の稽古は8割が基本稽古で、試合稽古などの実戦的な稽古はわずかであり、応じ技の稽古をすることも年間で数える程度です。本番での一本は相手がいるから決めることができるのであって、そのパターンが次は通じるとは限りません。よって普段の稽古ではどんな技も基本にのっとった打ち方で出せることが重要と考えています。面打ち、小手打ち、胴打ち、突き、技によって構え方などが変わるのではなく、すべて同じ構え、同じ攻め口、同じ打ち方で出せるようにしています。一足一刀の間合から躊躇なく打ち切れるような技です。

ただし、同じパターンといってもいつも同じようには打たないようにしています。右足の出す幅を変える、ほんの少しだけ角度をつけるなど、眼に見えないレベルで変えるようにしています。それが相手に太刀筋を読まれないようにする工夫になると考えているのですが、なかなかうまくいきません。本当の技というのは、頭で考えて打ったものではなく、気がついたら打っていたというものと言われます。確かにその通りと思いますので、稽古ではよくよく考えながら行なうようにして、一つでも多くの技を身につけられるように心がけています。

打ち間に入って面

下半身主導で中心を取って最短距離で打つ

剣道は、面を決めたいとだれもが考えて稽古をしていると思います。剣道は中心を攻めることが基本ですが、打ち間に入って「打てる」と感じたときには躊躇なく面を打ち切るようにしています。

打ち間に入るには中心を取ることが重要と考えています。動きが激しい警察大会などでは、なかなか中心を取ることが難しいのですが、中心を取る気持ちが薄れると、相手の竹刀をよけながら技を出すようになります。よけながら技を出すと竹刀の軌道も大きくなりますので、手元の上がりを打たれることにもつながります。実際、中心を取ることはできなくても、中心を取ろうとすることが相手にとってはプレッシャーになると考えています。

下半身主導で中心を取って打つ

中心を取るときは上半身で行なうのではなく、下半身主導で柔らかく行なうようにしています。上半身に力が入った状態で取ろうとすると相手の剣先を自分の中心から外すことはできますが、

自分の剣先も相手の中心から外れてしまいます。剣先が相手の中心から外れれば外れるほど隙は大きくなるので、竹刀の身幅分くらいで取るようにしています。

出頭面

いつでも打てる体勢をつくり、打ち気を引き出す

出頭面は試合ではさほど決まったことがありませんが、稽古では常にここを打つように心がけています。剣道は構えの隙、動作の隙、心の隙という三つの隙がありますが、動作の隙は打とうとしたときに必ずできるものと言われています。そこを的確に打てるようになれば、有効打突を奪える確率も上がるようになると考えています。

出頭面は、相手が出てくるので、その出てくる距離を頭に入れ、瞬時にコンパクトに打ち切るようにしています。相手が出てきているので、無理に前方に跳び込む必要はなく、右足の踏み込みと手の内の作用で一本にするようにしています。

出頭面は相手が打とうとしたところを打つ技ですが、打ってく

打てる体勢をつくり、打ち気を引き出す

るのを待っていては成功しません。しっかりと攻め、いつでも打てる体勢をつくり、相手の打ち気を引き出すようにしています。左足はいつでも打てる状態にしておき、相手が動いたところを瞬時に打つようにしています。

出頭面はだれもが打ちたいと考え、稽古をしていると思います。私もなかなかうまくいきませんが、打たれる覚悟で技を出すようにしています。

小手面
小手を防がれた瞬間、手首を効かせて面を打つ

実戦では一本打ちの技で決まることはほとんどありません。よって一つの技が失敗したら二の太刀、三の太刀とそれこそ打突が有効になるまで技を出せることが重要と考えています。姿勢が崩れた状態で二の太刀を出しても、有効打突にはなりにくいので、姿勢正しく打ち切れるように心がけています。

小手面は、小手をよけた相手に面を打ち込む技ですが、小手が惜しいところを打っていると相手の防御は危険を察知しているので自然と大きくなります。手元を開いた状態で居つくこともありますので、すかさず面を打ち込みます。

小手から面を打つときはなるべく小さな軌道で打つようにしています。大きく振ると面を防がれるだけでなく、小手から面を打

小さい軌道で小手から面に転じる

とうとしたところに小手を打たれる危険性も生じます。実際、小手から面を打つ間に小手を打つことを得意としている選手もいます。竹刀を大きく振り回さないようにして、コンパクトに打つようにしています。

小手面は左足の引きつけが重要と考えています。小手を打ったのち素早く左足を引きつけ、ただちに面を打てる状態を整えるようにしています。

下を攻めて面
気分は上から乗りながら面を打つ

面を打つ機会は相手の剣先が開いたときと剣先が下がったときと言われています。攻めを効かせて剣先を下げたとき、相手がこれに呼応し、剣先を下げて小手を防ぐときがあります。防いだとき、左足に体重が乗りすぎ、居つくことがありますが、このときすかさず面を打つようにしています。

技は上を攻めて下、下を攻めて上、右を先手左、左を攻めて右など、表裏左右を巧みに使い分けることが有効と言われています。私もそれを意識して攻撃を組み立てるようにしていますが、ここで注意しているのは竹刀操作にこだわりすぎないことです。

私は自分の竹刀を表裏に動かすことで相手の反応を観るようにしていますが、さらに間合を詰めて攻めていくとき、気持ちが充

剣先を下げて小手を攻めて面を打つ

実していないと単に竹刀を動かしただけになってしまい、相手に隙を与えてしまうことになります。とくに下攻めは相手の喉元につけていた自分の剣先を相手の右拳付近まで落とすので、中途半端な気持ちで行なうと自分の面ががら空きになってしまいます。剣先は落としますが、足腰で間合を詰め、気持ちは上から乗るようにして圧力をかけるようにしています。

小手返し面

返す動作を最小限にして瞬時に面を打つ

小手返し面は相手の小手を表鎬で受け手首を返して面を打つものです。竹刀操作等を駆使しながら小手を誘い、相手の小手を受けたときには面を打っているくらいの気持ちで手の内を効かせて面を打つようにしています。

返し技は最小限の動きで相手の打突を受け止めることが重要ですので、返す動作はなるべく小さくして打つようにしています。相手の状況によってはすり上げ気味に面を打つこともあります。ただし、小さく鋭く打つには下半身に溜まった力を充分に使って打たなければなりませんので、手打ちにならないようにしています。手首を回しただけの打ちでは相手の勢いに負けてしまうので注意しています。

最小限の動きで小手を受け、瞬時に面を打つ

応じ技は受ける太刀が打つ太刀に瞬時に変化しなければならないと言われていますので、そこを意識するようにしています。とくに警察の選手は技が鋭く、動きが素早いので、相手の動きを制し、なるべく不充分な打ちを引き出すようにしていますが、実戦ではそこまで意識することはできないので、気がついたときは決まっていたというケースが多いです。

中心を押さえて小手

押し返した力を利用して打つ

小手は、面に比べて打突部位が低く、距離的にも近いので小さな動作で打てますが、近いので安易な気持ちで打ってしまいがちです。このような気持ちで打っても技が決まらないばかりか、反撃の隙を与えてしまいますので、面を打つとき以上の気迫で打ち切るようにしています。

中心を押さえて小手を打つときは、相手の竹刀をやや斜め下方向に押さえながら攻めます。このとき、相手が押し返し、剣先が自分の中心から外れた瞬間を、相手の竹刀を越して打ち込みます。相手の押し返してきた力を利用して瞬時に打ち込むのです。

小手を打つときは、相手の竹刀と平行に打つようにしています。刃筋が通った打ちでないと有効打突にはなりませんので、最短距

相手の押し返した力を利用して打つ

離で打ち込むように心がけています。

また、打突後は身体全体で相手の身体を突き抜けるくらいの勢いで左足を引きつけるようにしています。このくらいの勢いがないと、相手の手前で失速してしまいます。危険な間合で止まってしまうことになるので、相手にとっては絶好の機会です。打ちたい気持ちが強すぎると手打ちになりやすいのでとくに注意しています。

胴を狙ったところに小手
構えをギリギリまで崩さずに打つ

胴を狙っている相手は必ず手元が上がります。この上がった手元に小手を打つのですが、狙って打とうと思ってもなかなかできません。実際に決まったときは、攻防の中で瞬間的に身体が反応して打っていました。

ただ、あとから分析すると相手は胴を狙っていたはずですので、面を誘っていたと思います。そこを最後まで構えを崩さず、我慢ができていたから小手を打てたのかもしれません。

相手を攻める際、私が注意しているのは相手の反応を観察することです。攻めが効いていると相手は必ずなんらかの反応を示します。「手元が上がる」「打って出てくる」「下がる」などです。触刃の間合で剣先を表裏にあてながら攻め気を相手に伝えるよう

構えを崩さず、手元が浮いた瞬間を打つ

にして「行きますよ、あなたはどうしますか」と問いかけるようにしますが、極力構えは崩さないようにしています。構えが崩れると打つまでに時間がかかってしまいます。胴を打とうとした手元に小手を打つこともできませんので、なるべく構えを維持するようにしています。

面抜き胴

一拍子で瞬時に体をさばいて胴を打つ

面抜き胴は、刺すような面を打つ相手に遣うことが多いです。刺すような面を返そうとしても相手の勢いに押される危険性もありますし、竹刀越しに面を打たれる危険性もあります。よって瞬時に体をさばいて胴を打つようにしています。

体さばきを円滑に行ない胴を打つ

抜き技は、自分の竹刀を相手の竹刀に触れさせず、相手に空を打たせて打つ技です。前に体をさばきながら応じる動作と打つ動作が一連の流れになるように胴を打つようにしています。応じる動作と打つ動作が分断されないようにするために、体さばきを円滑に行なうようにしています。腰のひねりと、手首の返しを瞬時に行なうようにして、相手と交差したときには胴を打っているようにしていますが、待って打っては遅れてしまうので、

相手の面を誘い出すような気持ちで打っています。

胴は右斜め前に出ながら打ちますが、相手の出足の早さに応じて出る角度は変わってきます。出足が早ければ角度を大きくしなければさばけません。相手の状況に応じて使い分けるようにしていますが、実際には無意識に行なっていることがほとんどです。

面返し胴

手首を柔らかく使い懸待一致を心がける

返し技は、打ち込んできた相手の竹刀を迎えるように鎬で応じ、応じた反対側にすかさず返して打つ技です。相手の打突がまさに決まろうとする瞬間に応じ返して打ちますが、返し胴を打つ場合、私は間合を詰め、面を誘って胴を打つようにしています。

面を完全に引き出した状態をつくらないと、相手の勢いに押されてしまいます。こちらの攻めで慌てて面を打ってしまったような状況をつくることをイメージしています。

面を返すときはなるべく小さく受けるようにしています。大きく受けるとその分、胴に変化する動作が遅れてしまい、間合が詰まって返しにくくなります。手首を柔らかく使い、返す動作と打つ動作が一拍子になるように心がけ、素早く打ち抜けるようにしています。

実戦では面を狙っている相手がほとんどですので、どうしても

返す動作と打つ動作を一拍子にする

劣勢になると、面を待って胴を打ちたくなります。そのようなときには当然、成功しませんので、常に先を取る感覚を忘れずに相手と対峙するようにしていますが、相手も同じことを考え、攻めてきますので、剣道は本当に難しいと感じています。

攻防の中で左足を作っておいて一足で打つことを心がけています

原田悟

はらだ・さとる／昭和48年福島県生まれ。福島高から筑波大に進み、卒業後、警視庁に奉職。全日本選手権大会には激戦区の東京代表として12回出場し、優勝1回、2位2回、3位3回の成績を収める。世界選手権大会出場、全国警察官大会団体優勝など。現在、警視庁剣道教師。剣道教士七段。

質量豊富な警視庁の稽古 惰性で稽古をすることを戒める

わたしは筑波大学を卒業後、平成8年に警視庁に入れていただきました。もともと教員になることをめざして筑波大学に入りましたが、大学4年時、地元福島国体の候補選手として全国の警察をまわり、稽古をさせていただく機会にめぐまれました。警察の先生方と稽古をさせていただくうちに、その強さにあこがれを抱くようになりました。そして警視庁に入れていただくことができたのです。

警視庁剣道特練の場合、ご承知のようにとても稽古量が多いです。入れていただいた当時は一日を乗り切るのに精一杯でしたが、ただ与えられた課題を消化するだけでは実りある稽古にはなりません。ただ受動的に稽古をするのではなく、自分の頭を使い、工夫・研究することが大切であり、課題をもって1回の稽古に取り組むようになりました。

技術的な課題としてはとくに左足に重点を置いていました。技を出す前に左足を打てる状態にしておき、機会と感じたときには一足で打てる左足を常につくるようにしていました。特練に入った頃はバネがありましたので、勢いで技を出していたこともありましたが、当然、それだけでは通用しなくなります。剣道で一番大切な「一足で打つ」ということを意識するようになり、自分のスタイルも若干変わってきました。攻防の中で左足を打てる状態にしておき、機会と感じたときには一足で打てるように心がけました。わたしは体格に恵まれているわけではないので、相手が気付く前に打ち間に入っていなければなりません。その際、重要になるのは左足の使い方であり、いまも左足の使い方は重点課題です。

警視庁の稽古はとても厳しく、自分のモチベーションを維持するのに苦労したこともありました。若い頃は心が挫けそうになったとき先生や先輩方に引き出していただき、再びモチベーションを高めることができました。年齢が上がるにつれて今度は自分が後輩たちを引き立てなければならず、自分のモチベーションを維持しながら、チームの調子を上げていくことを意識したように記憶しています。剣道特練員として12年間、在籍させていただきましたが、本当に充実した特練員生活を送らせていただいたと感謝しています。

悲願の全日本選手権初優勝
自然に身体が反応した小手一本

わたしは平成17年の第53回全日本剣道選手権大会で優勝することができました。前年、2回目の決勝進出を果たしたものの、またも決勝戦で敗れ、自分は一生全日本選手権で優勝することができないのではないかと落ち込んだこともありました。

しかし、いつまでも落ち込んでいるわけにもいかず、剣道にもう一度、真剣に取り組もうと考え、1年間、稽古を積んできました。2度目の準優勝からの1年は「追い込むこと」と「方向性を確認すること」の二つを意識してきましたが、稽古で正しい剣道を身体に覚え込ませることを重点課題としてきました。身体が自分のイメージ通りに動いているのかを確認し、できていないところを稽古で追い込みながら正しい方向に向かうように努力しました。

大会当日は強い気持ちをもって試合に臨みました。

「大事な試合は自分が『勝とう』と強く思わなければ勝てない。歴代の選手権者はみんな気持ちで怖さに打ち克ってきたのだと思う。自分が勝つイメージを抱き、強い気持ちを持って試合に臨んだほうがいい」

ある先生からこのようなアドバイスをいただいていましたので、大舞台になればなるほどプラス思考でいこうとも思っていました。

決勝戦、同僚の内村良一選手に小手を決め、頂点に立つことができました。いま考えると、大舞台で舞い上がることなく、自分を信じて試合ができたことがよかったのかもしれません。

素振り

一本目の素振りと百本目の素振りが変わらないように気をつけています

素振りは竹刀操作を覚えるための大切な稽古であり、警視庁では鍛錬期間は面を着けずに素振りのみをくり返すこともあります。

素振りをするときに、わたしが心がけているのは足さばきです。左足でしっかり蹴って前進し、後退するときは右足で同じく蹴って戻る。基本的なことですが、これをしっかりできるように気をつけています。素振りは回数を重ねると疲労が蓄積し、足さばきも緩慢になりやすくなります。しかし、苦しくても一本目と百本目の素振りが同じようにできるように注意してきました。竹刀（木刀）の握りを変えず、身体の軸を意識し、一本に直結するような素振りをするように心がけています。

以下、各種素振りで取り組んでいることを紹介させていただきます。

【前進面】

前進面は、左足で蹴りだして一挙動で振ります。このとき木刀の剣先が走っていること、左足をしっかり引きつけることを心がけています。面を振り抜いたのち、中段の構えに戻りますが、このときも気を抜かず、中段の構えを執ったのち、振るようにしています。

【前進後退面】

前進後退面でとくに注意しているのは、後退するときの右足の使い方です。右足のつま先がどうしても上がりがちになりますが、それをしないように注意しています。

「なぜ右足のつま先を上げてはいけないのか。それは打たれる状態だからだ。足はいつでも打てる状態にしておかなければならないから、右足のつま先は上げてはいけない」と教えていただいたことがあります。以来、右足の遣い方にはとくに注意するようになりました。

【下段からの素振り】

下段からの素振りは、前進面を打ち切ったのち、中段ではなく下段まで剣先を下します。この位置からふたたび正面を打ち、これをくり返します。

下段に剣先を下すことで腹に力が入ります。打ち切った状態から下段に構えるまで下腹に力を入れ、気持ちを溜めるようにしています。この素振りは試合前にとくに行なっていました。自分のコンディションがおかしくなったとき、下段からの素振りを行ない、メンタルの部分を修正するようにしていました。

【腰割り素振り】

腰割り素振りは足を広げ、その場で一本一本腰を落としながら振る素振りです。腰を落としながら振ることで、足腰に負荷をかけ、下半身を鍛えるものです。この素振りを行なうときは、身体の軸をぶらさず、床に向かって垂直に身体を落とすようにしています。疲れてくると姿勢が崩れるので、最初から終りまで姿勢を崩さないように注意して行なっています。

切り返し

緊張感をもって打ち間に入り最後の正面打ちを鋭く打ち切るようにしています

切り返しは正面打ちと連続左右面打ちを組み合わせたもので、剣道の基本動作を総合的に身につける稽古法です。警視庁では冬場の鍛錬期間、切り返しをはじめとする基礎訓練をしっかりと行ない本番に向けての身体をつくっています。

左右面は打突部位をめがけてしっかりと手首を返して打つことを意識している

切り返しを行なうことで正しい姿勢、構え、間合、足さばき、竹刀操作、太刀筋、手の内の締め方、緩め方、手首の返し方、呼吸などを身につけることができます。わたしはとくに呼吸法を意識し、最初の正面打ちから左右面、そして最後の正面打ちまで縁

最後の正面打ちはより実戦に近づけるため小さく打つこともある

を切らずに行なうように心がけています。

　また、実戦では打ち間に入るまで細心の注意を払って入りますので、切り返しも緊張感をもって打ち間に入るようにしています。特練をしりぞいてから講習会等で少年指導等をさせていただく機会が増えたのですが、切り返しを行なうとき、打ち間に入るまでの緊張感に欠ける場面をよく見かけます。まずは大きな声で発声し、鋭く間合に入って正面を打つようにしています。

　左右面を打つときは、しっかりと元立ちの打突部位をめがけて打つようにしています。元立ちが竹刀で左右面を受けるときでも、打突部位をめがけてしっかり打ち切り、手首を返すようにしています。

　切り返しの要領は「大強速軽」と教えています。全身を使って大きく・強く・速く・軽やかに行なうことを教えていますが、わたしもそこを意識しています。ただ、左右面はよほど意識しないと、正しい打ち方ができなくなりますので、正しく行なうように意識しています。

　最後の正面打ちは鋭く打ち切るようにしていますが、わたしはより実戦に近づけるため、小さく打つこともあります。

　左右面を打ったのち、一足一刀の間合から面を打ちますが、大きく振りかぶったとき、振りかぶった反動で正面を打ってしまうことがありました。そのような打ちは効果が半減してしまうので、一気に打ち抜けるようなイメージで面を打ち切っています。

　また、切り返しは元立ちの役割が重要ですので、受けるときも気を抜かず、習技者を引き立てるようにしています。とくに指導者となった現在、習技者の気持ちを読み取り、呼吸を合わせて受けることの難しさを感じています。

打ち込み稽古

打ち込んだ技は百パーセント有効打突になるように正確に打つようにしています

打ち込み稽古は、元立ちのつくった隙に対して瞬時に反応し、姿勢を崩さずに一拍子で打突するものです。約束動作ですので、技を出したときには必ず有効打突になっているように心がけています。

本番に直結する打ち込み稽古を心がけている

警視庁の打ち込み稽古は二人組で、2本から3本、打って交代していますが、すべて有効打突にするのは容易なことではありません。日々の稽古のなかで精度を上げていくことをめざし、百パーセント有効打突になるような技を出せるようにしていました。

実戦により近づけるために打ち込み稽古では、打突動作そのものより、間合の詰め方や攻めといった部分に細心の注意を払うことが重要であり、それを心がけるようにしていました。

どんな技でもそうですが、単に打てる距離に入って打ってもまず決まりません。攻めて間合を詰め、打ち間に入ったところでためをつくり、相手を動かす必要があります。

打ち間に入ったところでためをつくるには、いつでも打てる体勢を維持していなければならず、これが実に難しいと感じています。打ち込み稽古では、この間詰めとためを意識するようにしていますが、実戦では相手も同じことを考え、攻めをほどこしてきます。相手のプレッシャーを感じて動揺すれば、上半身が力んだり、足が止まったりします。こうなると打てる足を維持することはできません。

打ち込み稽古から、間合を詰める、ためる、技を出すという手順を丁寧に行ない、技の精度を上げるようにしていますが、日々、新しい発見があります。

単一技 小さく柔らかく攻めて一足で打つ

単一技の稽古は主に面と小手打ちを中心に打ち込みを行なっています。わたしは身長がそれほど高くありませんので、面を打つとき、一気に間合を詰め、相手の居ついたところを狙って面を打つと、反対にその入り端を打たれることがよくありました。身体が大きい選手は一気に間合を詰めることで相手に圧力をかけることができますが、わたしにはできませんので、小さく柔らかく攻めて間合を詰め、相手にとって「いつの間にか入られていた」という状態をつくって面を打ち込むようにしています。

面を打つ際は竹刀をなるべく開かず、まっすぐ振り上げ、振り下ろすようにしています。横に開くと相手に到達する時間がロスしてしまいます。それを極力おさえるために、まっすぐに打つようにしています。間合を詰める際は、なるべく構えを変えず、構えた状態を維持しながら入るようにしています。手先を伸ばしたり、右足だけを進めても、相手に圧力はかかりません。ときに左右のさばきも入れながら、どうしたら相手にプレッシャーがかかるのかを考えながら、打ち込みを行なうようにしています。

小手打ちに関しては、面と同じ詰め方で打ち間に入っておき、相手が迷って手元を上げたところに打ち込むイメージで行なっています。相手が守ったところを狙っても遅れてしまうので、守ろうとしたときには小手を打つように心がけています。小手の場合、原則、相手の竹刀を越して打たなければならず、それを意識すると大きく振り回しながら打ってしまいがちです。しかし、それでは実戦では通用しませんので、最短距離で打つようにしています。小手を打ったあとは素早く左足を引きつけて、相手に体を寄せるようにしています。

小手は面・小手・胴・突き、四つの打突部位のなかでもっとも下の位置にあるので、打ったときに姿勢が崩れやすくなります。しかし、姿勢を崩しながら打っても一本にはなりにくいので、打ち込みではなるべく真っ直ぐに打ち、姿勢を崩さないようにしています。

面打ち

小手打ち

連続技
調子で小手・面を打たない。どちらも一本にする

小手・面の打ち込み稽古で一番意識していることは流れで打たないということです。小手から面を打ったとき、小手を布石にして面を決める打ち方もありますが、小手も一本、面も一本というような内容の打突を心がけています。

小手・面の連続技の打ち込みは技の精度を上げることはもちろんですが、引きつけ足をよくすることも目的の一つと考えています。わたしは小手を打ったあと、素早く左足を引きつけて一度、打てる足をつくり、そこから一足で面を打つようにしています。極端にいうと小手を打ったのち、左足を引きつけて動作を止め、そこから面を打つようにしています。動作を止めるといっても本当に一瞬のことであり、現象面では止まっていないかもしれません。しかし、そこを意識せず、単に流れで打ってしまうと打てる足ができず、実戦で応用しにくいと考えています。左足を動かさずに一足で打つことは本当に難しいと感じています。

小手・面打ち

面に対する応じ技

打ち間をつくり面を引き出す

応じ技は、すり上げ技、返し技、抜き技、切り落とし技などがありますが、いずれも相手の技を待っていては成功しません。現象面では相手よりあとに技を出しますが、気持ちが先でなければ成功することはなく、わたしも打ち込み稽古のときでも勝った状態をつくったのち、技を出すようにしています。

出ばな面は、相手が思わず出たくなるような状況をつくり、相手が出てきた瞬間を「点」でとらえて打つようにしています。動作の大きい打ちでは間に合いませんので、鋭くコンパクトに移動する相手の部位にめがけてまっすぐに打ち込みます。こうすると起こりが小さくなるので、相手が小手を合わせようとしてきたとしても、打たれる危険性は少なくなります。

出ばな小手も、出ばな面と同様、相手が出たくなるような状況をつくり、手元を上げようとしたところを、瞬時に小手を打ちま

出ばな面

出ばな小手

す。剣先の攻防で、相手を引き出すようにしますが、気持ちは常に先をかけるようにします。小手の動作が遅れると相手の面に差し込まれてしまうので姿勢を崩さずに打ち、打ち終えたあとは素早く体をさばいてきめをつくります。

小手に対する応じ技

小手を打ち切らせて瞬時に応じる

小手返し面は、相手が小手に来たところを表鎬で受け、瞬時に面を打つ技です。応じるときは、相手の竹刀を受け止めず、迎えにいくような気持ちでわずかな角度で応じて瞬時に打つようにしています。手首を柔らかく遣い、相手の打つ力を利用するようにしています。

小手すり上げ面は、表からすり上げる場合と、裏からすり上げる場合がありますが、わたしは相手の小手を引き込みながら裏鎬を遣ってすり上げるようにしています。すり上げる動作は円運動で、最小限の動きで相手の竹刀をすり上げ、すり上げたときには面を打っているようなイメージで小さく、鋭く打つようにしています。

とくに小手に対する応じ技は、相手に小手を中途半端に打たせないことが大切と考えています。本気で小手を打ち切らせ、決ま

小手返し面

小手すり上げ面

ったと思った瞬間をすり上げるようにしていますが、動作が一瞬でも遅れると、相手の打ちが速くなりますので、注意しています。

稽古は約束動作で打ち合いますが、なるべく実戦に近づけるためにも、元立ちは本気で小手を決めにいくことが重要です。そのような稽古が実りある打ち込みにつながると考えています。

かかり稽古

自分の姿勢が崩れない状態で最大限勢いのある打突を求めています

かかり稽古は、元立ちに対して、打たれるかわされることなど一切考えずに、習得したすべての技を使って、短時間に気力を充実させ、体力の続く限り全身を使って打ち込む稽古法です。警視庁では20分から30分、行なっていますが、苦しい稽古です。

かかり稽古は、体力の続く限り全身を使って打ち込む稽古法であり、途中、元立ちが打突をかわしたり、さばいたりするので姿勢が崩れやすくなります。しかし、こうしたさばきに対してもすぐに姿勢を立て直し、なるべく姿勢を崩さず、正しい打突を心がけることが大切であり、それを実行するようにしました。

かかり稽古の際もとくに意識したのは左足です。左足で右足を

押し出すように間合を詰め、左足で踏み切り、打突後は瞬時に左足を引きつけます。打ち抜けの際も小刻みに足を送り、振り返る際も体軸をなるべくぶらさないようにします。

体軸がぶれると身体の動きにロスが出るだけでなく、姿勢の崩れにもなりますので、苦しくてもなるべく崩さないようにしてきました。ただ、軸をぶらさないことを意識しすぎると今度は身体の勢いがなくなります。ゆっくりと行なえば崩れなくはなりますが、今度は打突に冴えがなくなります。とても難しいことですが、自分の姿勢が崩れない範囲で最大限の勢いを持続させながら技を出し、打ち抜けるようにしていました。

苦しくなると打突したとき前傾したり、打ち抜けるスピードが落ちてきます。足がもつれて姿勢も崩れやすくなりますが、とにかく姿勢を崩さず、出せる限りのスピードと勢いをもって元立ちに打ち込むようにしていました。

区分稽古

必ず苦しくなる区分稽古は自分に負けないことだけを考えました

警視庁の伝統的な稽古法に区分稽古があります。笛の合図にしたがい、互格稽古、打ち込み、かかり稽古、切り返しをくり返します。実践方法は以下です。

一、互格稽古
二、打ち込み稽古
三、かかり稽古

互格稽古

打ち込み稽古

かかり稽古

切り返し

四、切り返し
五、互格稽古
六、打ち込み稽古（元立ち交代）
七、かかり稽古
八、切り返し

これを1セットとし、まわり稽古方式でくり返します。時間配分は状況にもよりますが、互格稽古3分、打ち込み稽古1分、かかり稽古30秒、切り返し1分くらいを目途に行ない、選手を極限まで追い込みます。

1セット、2セットと数を重ねていくと息が上がった状態で互格稽古に入ることになります。そのとき、自分に負けると「疲れているから打たれても仕方がない」「もう体力の限界に近づいている」など自分を甘やかしたくなります。しかし、ここで自分を甘やかさず、「なにくそ」という気持ちで相手と対峙し、技を出し合います。互格稽古が終わるとまた打ち込み稽古、かかり稽古、切り返しと続くので、意識がもうろうとしてきます。自分を甘やかそうと思えばいくらでもできてしまうので、絶対に負けないという気持ちで取り組んできました。自分のなかで勝手に限界をつくってはいけないことを、この区分稽古から学びました。

技の開発

数を増やすより精度を高める打突の機会に必ず一本にできるようにしています

必ず一本にできる技を構築することが大切と考えている

選択肢を増やすことも大切だが、精度を上げることも大切

実戦では、相手のできた隙に対して、的確な技を出すことが重要です。試合中にはさまざまな予期せぬ状況が次々と現れますが、その状況に合わせて技をくり出せることが大切です。そう考えると持ち技を増やすことに目がいきがちですが、わたしの場合、この状況になったら必ずこの技で決めることができるという、精度の高い技を身につけておくことが重要だと考え、稽古してきました。

ただし、試合のレベルが高くなればなるほど読み合いのレベルも高くなりますので、一筋縄ではいかなくなります。わたしは面、小手など各打突部位で最低2種類は必ず通用する技を身につけようと考え、稽古を重ねてきました。

わたしは一本を取れるか取れないかの分岐点は隙と誘いの見極めだと考えています。確信をもって打ったのに、逆に相手に打たれてしまうことがあります。それは隙を打ったのではなく、誘われたことであり、相手が一枚上手だったのです。技は、決断力がないと出せません。決断力は自分の自信から生まれるわけですが、少しでも迷うと左足が残ったり、太刀筋がぶれたりして、中途半端な技になってしまいますので、日頃から心身を充実させ、稽古に臨むようにしています。

小手を引き込んで面

出小手を狙う瞬間に表鎬を使って打つ

この技は、こちらが中心を攻め、打ち間に入る過程で相手が面と感じて出小手を狙ってきます。この小手を狙って出てきたところに表鎬に相手の竹刀を乗せて面を打ちます。最初からこの展開を予想して技を出すのではなく、攻防の過程で相手が小手に来たところに反応して面を打つのです。中心を攻め合う中、右足を出しながら相手の様子をみます。このとき左足は動かさず、いつでも打てる状態にしておきます。そして、相手が小手を打ってきた瞬間、表鎬でこれを受けながら面を打ち込みます。

この技は、どちらかというと引き出して打つ技を得意としている相手に決まっていました。相手もぎりぎりまで我慢してこちらを引き出すことに試行錯誤しています。その我慢比べに紙一重で勝って打つことができたと考えられますが、一瞬でも遅れていれば、相手の小手になっているはずです。

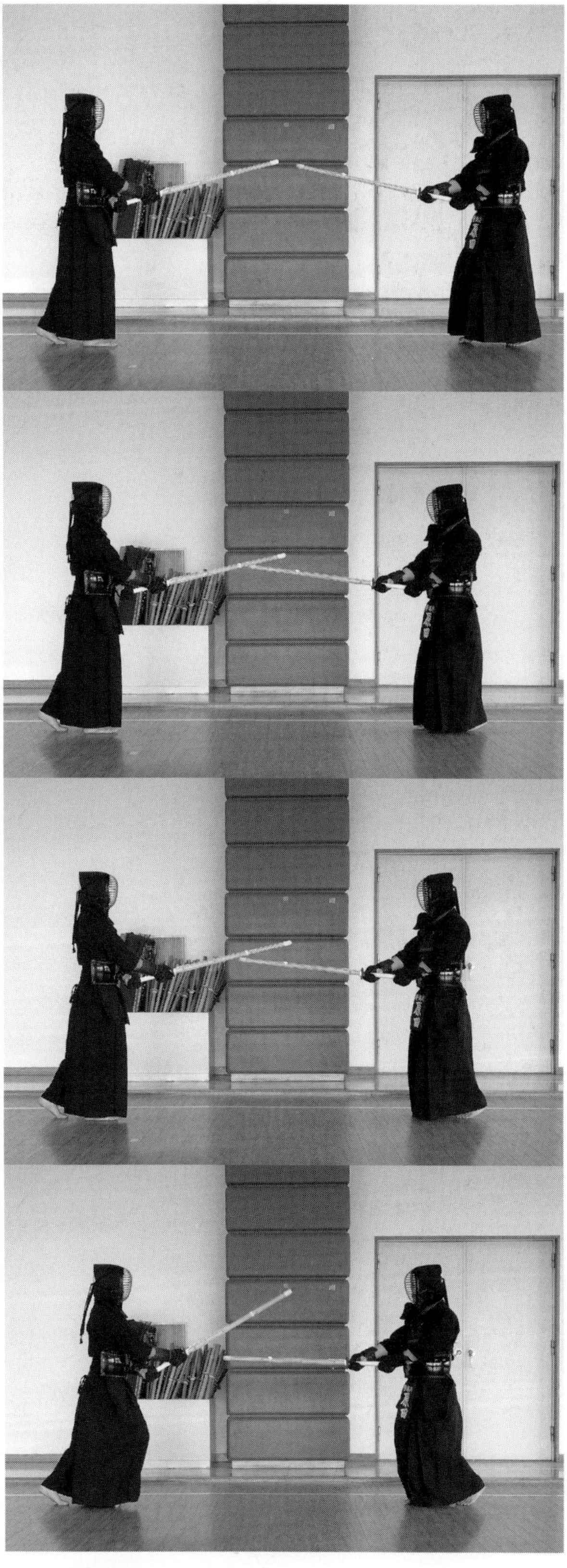

表鎬に相手の竹刀を乗せて打つ

面を打つときは相手の小手を表鎬で受けますが、なるべく直線的に最短距離で打つようにしています。払うような動作で相手の小手を受けると、その分、相手の面に到達するまで時間がかかってしまうので、相手の面金にそって真っ直ぐに振るようにしています。

入り際に面
遠間から打ち間に入り、一足で打ち切る

この技は身体の軸がぶれていると打てないので、自分の調子のバロメーターになっています。普段、技の稽古をするときも、相手に少し入ってもらい、その入り際を打つ稽古をすることもあります。約束稽古ですが、上半身等に余分な力が入っていると相手を的確にとらえることができません。左足を打てる状態にしておき、一足で打ち抜くようにしています。足幅を踏みかえたり、もう一度打つ場所を探ったりせず、そのまま打ち切ります。こうすることで打突に鋭さがつくと考えています。

実戦では遠間から自分の左足をつくって間合に入り、いつでも打てる状態にしておきます。剣先はなるべく動かさず、中心を取りながら、相手の打ち気を誘うようにします。

技を出すときは剣先を動かさず、相手の起こりに色なく打つようにしています。中心を竹刀の身幅で取っておき、構えた状態を

相手の起こりに色なく打つ

なるべく維持しながら打ちます。右手で取ろうとすると必要以上に力が入り、中心から剣先が外れてしまうだけでなく、相手に反撃の機会を与えることにもなります。

出ばな小手
間合に注意し、手首のスナップで打つ

出ばな小手は相手が面に出ようとした瞬間をとらえるものですが、表から打つときと、裏から打つときがあります。わたしの場合、攻めて打ち間に入る過程で相手の崩れを誘い、相手が打って出てきたところに小手を打つようにしています。相手が出てくるので、下から点でとらえるようなイメージで鋭く打つようにしています。

下から打つことで、姿勢が崩れやすくなるので極力、身体をもぐらせないように注意しています。身体がもぐると打突に勢いがなくなり、上からかぶされて面を打たれる危険性も生じます。

出ばな小手を打つときは、とくに間合に注意しています。自分のなかでここまで入っても大丈夫という間合があり、その距離感は日々の稽古で養ってきました。相手がどの距離で技を出すのかを見極めながら技を出すようにします。間合によって右足を前に

下から点でとらえて打つ

踏み出してきめるとき、ほとんどその場で踏み込んできめるときなど、相手の出方によって打ち方を多少変えています。

ただ、出ばな小手も相手が動くのを待っていては出遅れてしまいます。しっかりと攻めて相手を動かして打つことを心がけています。

攻め込んで小手

面を避けた相手の手元に小手を打つ

表を攻めたとき、面を防ごうとした相手は手元が上がります。この技は手元が上がったときに小手を打つものですが、上がったところを打っても防がれてしまいます。上がろうとしたところを瞬時に打ち、そのまま体を寄せます。表から攻めたとき、相手が引けば左足を引きつけて打つこともあります。

また、相手によって手元を上げる位置が変わりますので、打突部位をしっかりととらえられるように、相手の防御に応じて打ち方を調整します。相手の避け方によっては床と垂直ではなく、角度をつけて打つこともありますが、身体の軸をぶらさずに打つようにしています。

表を攻めたとき、中心を取りますが、面と同様に右手の力が入りすぎると、自分の剣先も外れてしまいますので、柔らかく取っておき、相手が動こうとしたところをとらえます。

手元の上がりを的確に打つ

小手は、他の打突部位と比べて近い距離にあるので、劣勢になると当てにいくような打ちをしてしまいがちです。それでは当然、一本にはなりませんし、打突の機会を与えてしまうことにもなります。近い距離にあっても面以上の気力をもってしっかり打ち切るようにしています。

諸手突き

膠着時、相手の居つきに腰始動で突く

突きは他の技と比べ、打突部位が小さく、しかも剣先一点で突かなければならないので、難易度はとても高く、試合でも頻繁に出すような技ではありません。

よって、千載一遇ではないですが、ここという機会にパッと決めるようなイメージで諸手突きを出すようにしています。突く機会は相手が居ついたときです。これを察知するのは容易なことではありませんが、わたしが突きを決めたときは、相手が居ついたときがほとんどでした。

突きは、相手の剣先が開いた瞬間、手元が大きく上がった瞬間などに機会が生じますが、まずは突きを出せる間合に入っておくようにしています。相手に悟られず、気がついたときには突ける間合に入っておくことで突く機会が生じると考えています。

突くときは腰始動で行ない、突いたあとは左足を素早く引きつ

間合に入っておき居つきを突く

けるようにしています。左足の引きつけが遅いと姿勢が崩れやすくなるので、突いたときには左足を引きつけているような気持ちで行なっています。無理に突こうと思うと、腕を伸ばし過ぎ、身体を前傾させながら突いてしまい、姿勢が崩れやすくなりますので注意しています。

片手突き
相手の気持ちの切れ目を狙って突く

片手突きは、右足を踏み込みながら左手の手の内を絞り込み、同時に右手を右腰に引きつけながら肘を伸ばして突くものです。

諸手突き同様、実戦で突く機会は多くはありませんが、相手の竹刀がなかなか中心から外れないようなとき、相手の竹刀の上に、こちらの竹刀を乗せ、片手で突くようにしています。片手突きは両手と比較して、間合の利があり、一足一刀の間合よりやや遠い間合から突くことができますので、相手をハッとさせることができます。自分の肘が伸びきろうとするところで突くのが一番、威力が出ますので、その間合で突くようにしています。わたしは突きたい気持ちが強すぎると間合が近くなる傾向があるので、とくに間合取りに注意しています。

突くときは諸手と同じように腰から始動します。速さで突くのではなく、相手の気持ちの切れ目を狙って突くようにしています。

気持ちの切れ目を狙って突く

突きは一点の部位を瞬間的に突くので、突いたあとはただちに中段の構えを執り、次に備えるようにしています。そのためにも姿勢を崩さず、なるべく前傾させないように突いています。

身体の芯が崩れない剣道
体勢が崩れない剣道を求め続けています

近本巧

ちかもと・たくみ／昭和45年岐阜県生まれ。市立岐阜商業高校から愛知学院大学に進み、卒業後、愛知県警察に奉職する。愛知県警の主力選手として活躍し、地元愛知国体の優勝に貢献。全日本剣道選手権大会は3回目の出場で優勝、翌年3位となる。現在、愛知県警察剣道特練監督。剣道教士七段。

愛知県犬山市にある博物館明治村で剣道名人戦といわれた明治村剣道大会が開催されていました。全国から選りすぐりの先生方が招かれた八段戦ですが、この大会には特練員となってから会場係をさせていただき、間近で見学をすることができました。

明治村剣道大会は旧第四高等学校の武道場（無声堂）で開催されており、とても狭い空間で行なわれます。狭いだけに先生方の息遣いが直接伝わってきて、とても緊迫感のある試合でした。当時、20歳代の後半くらいだったと思うのですが、出場された先生方の構え・攻め・機会・打突の強度などは、今後自分がめざしていかなければならない内容として自覚するようになりました。

とくに稽古をする上で心がけていることは、身体の芯を崩さないことです。打突は正しい構えを土台として繰り出されるものです。土台となる構えが崩れていては、有効打突は打てません。左足・左腰・左手を意識して構え、動いているときもこの構えをなるべく崩さないようにして相手と対峙します。

崩れるということは、自分の技に自信がないからであり、身の危険を感じるから本能として手元が上がったり、間合を切ったりしてしまうのでしょう。しかし、剣道では「攻撃あって防御なし」といわれているように、守る動作は大きなリスクを伴います。守る動作をなるべくせずに相手を攻め崩すことが理想ですが、相手も同じことを考えていますので、実際にはたいへん難しいことであり、日々、工夫・研究をしています。

先をかけることを意識機会を感じ取ることを優先する

剣道は「攻めて崩して打つ」という手順がありますが、「打たれたくない、負けたくない」と焦ると攻めを意識することなく技を出してしまいます。このような状態で技を出しても、なかなか一本にならないのは周知の通りです。技を返されたり、抜かれたりして反撃される危険性も伴います。

現役時代は、一勝で一生が左右するような環境でしたので、当然、勝つことにこだわって稽古をしてきました。しかし、そのなかでも先をかけて崩すことを意識していました。

攻めに関して見直すようになったのは20歳代の後半です。県警に入った当時はとにかくスピードを重視し、打突部位に到達する時間が早ければ早いほど相手を打つことができると考えていました。スピードと脚力に頼った剣道です。しかし、このような剣道は加齢とともに通用しなくなり、単にスピードを追い求める剣道を見なおすようになりました。

当時、わたしは構えを前傾姿勢からやや後傾になおすことから始めました。身体をまっすぐにすると、前傾姿勢のときと比べ、しっかりと竹刀を振って打突ができるようになりました。そのことで前傾姿勢のときより腰を入れて打っていることが自覚できるようになりました。

また間合を詰める際も姿勢が後傾したことで構えた状態を維持

全日本選抜剣道七段選手権大会（横浜七段戦）で決めた見事な面は観衆から拍手が起こった

したまま相手に接近できるようになったようです。そのことで相手に圧力がかかるようになり、少しずつですが崩して打つことも感じ取れるようになりました。

打突を出す間合が近くなったので、相手に打たれる危険性が高くなりましたが、相手の動きを慎重に観察するようになり、技を出す機会も慎重に見極めるようになりました。稽古では打たれることを嫌がらず、機会と感じたところで素直に技を出すように心がけています。

年齢とともにどうしてもスピードは落ちてきます。スピードの衰えは予測する力や間合取り、機会の見極めなどで補うしかないと考えていますが、現在も打ちの強さ、出足の鋭さを意識して稽古をするようにしています。

現在、稽古は勤務前の時間を利用した朝に行なっています。約1時間、切り返し、木刀による剣道基本技稽古法を応用した技の稽古、踏み込み足を使った技の稽古などを行なっています。互格稽古をすることはまずありません。

崩れない剣道を心がけた10年ぶりに出場した個人試合

2月の全日本選抜剣道七段選手権大会に出場させていただきましたが、あのような個人戦に出るのは約10年ぶりのことでした。特練をしりぞいたあとは全日本東西対抗大会には出させていただいていましたが、その他の大会に出場する機会はあまりありませんでした。正直、久しぶりの個人戦でしたのでどれだけできるか不安でした。ただ、出場するからには朝稽古を欠かさず、本番に向けて身体をつくりました。

予選リーグで3回試合をするという形式は初めての経験でしたが、まずは相手を崩すことより自分が崩れないことを意識していました。

中田淳選手（東京）との緒戦は引き分けでしたが、二試合目の寺本将司選手（大阪）との試合では小手・面で勝つことができました。いずれも年齢が下との選手の試合でしたので、体力面でやや不安もありましたが、試合は勝つために行なうものですので、収穫がありました。

三試合目の北条忠臣選手（神奈川）には見事に打たれました。試合では崩れないことに加え、居つかないことも重要なポイントですが、一瞬、相手の動きを見てしまったのが敗因でしょう。

ただ、久しぶりに大会に出させていただきましたので、色々と得るものがありました。試合の緊張感は試合でしか味わえませんし、その緊張感のなかで自分の剣道を普段通りにできるか否かが明暗をわけると感じました。

試合は第三者が評価してくださるものです。これからも見て下さった方々に評価いただける内容をめざし、稽古を続けていきたいと思います。以下はわたしが稽古を行なうとき、気にかけていることです。

構え

左足裏の湧泉に体重を乗せて打てる構えをつくる

稽古に入るとき、まず行なっていることが構えの確認です。構えができていないと攻めることも打つこともできませんので、時間があるときは鏡に向かって自分の構えを確認しています。

自在な足さばきができる構えを工夫・実践している

構えでとくに注意しているのは自在な足さばきができることです。構えというとどうしても静的なイメージをもってしまいますが、動いているときに機能していないと攻めが通じません。

足を出す際、力を入れるのは左足の膝のあたりの部分です。力を円滑に伝えるために、わたしは構える際、一度、左足をピンと伸ばし、そこからやや左膝を緩めるようにしています。これが自分自身にとってもっとも打ちやすく、足を動かしやすい左膝の状態です。この左膝の状態を移動時もなるべく維持するようにしています。前進するときは左膝で右膝を押し出し、後退するときは右膝で左膝を押し出すような感覚で体移動をするようにします。

体移動の際、もう一つ気をつけているのは、足の甲の状態です。足の甲の部分にほどよく力を入れ、足さばきがスムーズになるようにします。あくまでも意識の問題ですが、そうすることで体移動が円滑になります。

姿勢の確認

打ち込み台を使って打突姿勢を確認する

これは毎回行なっているわけではありませんが、打ち込み台を使っての一人稽古を行なうこともあります。一人稽古を行なうときに注意しているのは、打突姿勢の確認です。

正しいかたちを身体に覚え込ませないと、一本になる打突を本番で出すことができません。最初は大きくゆっくり行なうようにしています。

打突時、左右の手の内がほどよく締まり、左手首が大きく上がらないことが理想です。その理想の打ちを身に付けるために一人稽古で打突時の腕の高さなどを確認するようにしています。

とくに面は、打ったときに右手が喉の高さ、左手が胸の高さにあることが基本です。打ち込み稽古のとき、この高さでなるべく打てるように心がけています。

諸手突きは、右足を踏み込みながら両手の手の内を内側に絞り込み、両肘を伸ばして突きます。しかし肘を伸ばすことを意識しすぎると腰が残り、突く動作が崩れてしまうのは周知の通りです。わたしは構えた状態をなるべく崩さず、足腰で突くようにしていますが、その突いた状態を打ち込み台で確認するようにしています。

面の確認

突きの確認

足さばき

すり足を徹底、体移動を身体で覚える

「一眼二足三胆四力」といわれるように、剣道では観察力（眼）に次いで足が重要です。足が機能していれば打突が有効になる確率は上がり、足が機能していないときは打たれる危険性が上がります。居ついたところが最たる局面ですが、日々の稽古では足に注目して行なうようにしています。

剣道は形文化であり、正しい身体の遣い方、竹刀の振り方を覚えないことには上達できないと考えています。日本剣道形、木刀による剣道基本技稽古法がすべてすり足で行なわれていることからもわかるように、剣道の基本動作はすべてすり足で行なっています。剣道具をつけた稽古でも最初はすり足から行ない、正しい身体の使い方、竹刀の振り方を確認しながら行なうようにしています。

よって切り返しも最初はすり足で行なっています。一足一刀の間合から面を打ち、足を送りながら左右面を打ち、最後の面もす

すり足を徹底的に行ない、剣道の基本動作を身に付ける

り足で行ないます。

間合を詰めるときは送り足を基本としていますが、前進するときは左膝で右膝を押しだすようにすると起こりが悟られにくくなります。また、打突時に左足が跳ねたり、姿勢が崩れたりするのは体移動がスムーズにできていないことに原因があると思いますので、単純な作業ですが、すり足による稽古にも時間を多く割くようにしています。

発声

下腹から大きく長く出し、自分を奮い立たせる

剣道は気合（声）を出して攻める。攻めて機会と感じたところで発声とともに打ち切る。攻めを充実させるにも、力強い打ちを出すにも声は非常に重要な要素になります。

わたしは稽古の際、発声は下腹から大きく長く出すようにし、まずは自分を奮い立たせるようにしています。下腹から声を出すにはまずもって姿勢を正すようにしています。

一、姿勢を正す
二、肩の力を抜く
三、目線を一定にする

右のような項目が下腹から声を出すために重要だと考え、注意しています。

また、打突の際は「メン」「コテ」「ドウ」「ツキ」とはっきりと呼称するようにしています。はっきりと発声することで強く打つことが可能となります。

素振りでも一本一本すべて有効打突にするつもりで大きく鋭く発声しながら竹刀・木刀を振り下しています。発声を意識して稽古をするとかなり苦しい内容になりますが、稽古でできないことは試合や審査でできません。素振り一本から丁寧に発声を意識して取り組むようにしています。

発声は下腹から大きく長く出すようにしてまずは自分を奮い立たせる。打突の際の発声は「メン」「コテ」「ドウ」「ツキ」とはっきりと呼称する

技の稽古

身体の出し方に注意、攻めを意識して打ち切る

技の稽古は実戦に直結させることが大事です。遠間で構え合い、そこでしっかりと発声をして間合を詰めます。一足一刀の間合に入ったら充実した気を一気に爆発させるような気持ちで技を出しています。

技は基本的に左足を軸足とし、右足で探りを入れながら出すものです。踏み切りが悪いと踏み込みも悪くなりますので、常に打てる状態をつくって技を出すようにしています。打突時に右足のつま先はなるべく上げず、床と平行に進めるような気持ちで足を運び、踏み込んだ瞬間に左足を素早く引きつけるようにします。

体移動を行なうときは目線を一定にして、なるべく身体を前傾

面打ち

させないようにしています。目線が下がると身体が前傾します。身体が前傾するとどうしても手先で打ってしまいますので、目線を変えないことを意識しています。

面打ちは技の稽古でもっとも時間を割いています。攻め方を変えながら実戦に直結させるようにしていますが、中心を取って打つときは相手の剣先にすり込むようにして行ないます。このとき、右手主導で中心を取ろうとすると相手の剣先は中心から外れますが、こちらの剣先も相手の身幅から外れてしまいます。相手の鍔元に自分の剣先を乗せるような気持ちで間合を詰め、相手の鍔元までこちらの竹刀を密着させるような気持ちで打ち間に入って面を打ちます。

拳を攻めて面を打つときは、剣先を下げてから面を打ちますが、下からの攻めは上からの攻めが効いていないと、単に剣先を下げるだけの動作になってしまい、打突の機会を与えてしまいます。上から乗るような気持ちで間合を詰めるようにしています。

小手に関しては中心を取り返してきた反動を利用して打つ方法が一般的ですが、四つの打突部位のなかでもっとも近い位置にありますので、手打ちにならないように気をつけています。小手は部位を見ただけでも目線が下がり、姿勢が崩れますので、極力、目線を一定にして腰始動で技を出すようにしています。

小手打ち

諸手突き

また諸手突きは実戦で多用する技ではありませんが、腰始動の体移動を覚えるためにも稽古を欠かさないようにしています。手先で突こうとすると姿勢が前傾しますので、構えた状態から下腹を出すような気持ちで腰から突くようにしています。

打ち込み稽古

すべてを一本にする気持ちで出し切る

打ち込み稽古は元立ちが空けた打突部位を正確に打ち込んでいくものですが、わたしの場合、面↓小手・面をくり返すなど、あらかじめ打突部位を決めて打つようにしています。

連続で打ち込んでいきますので、どうしても姿勢が崩れやすく

打ち込み稽古はすべて有効打突にするつもりで正確に打ち切る

切り返し時の左右面は左拳を身体の正中線から外れないようにする

なりますが、打突は強く、鋭く相手の背中を突き抜けていくような気持ちで技を出しています。

普段は稽古の仕上げに行なっています。連続で打ち込んだのちにそのまま切り返しを行なうときは、切り返しが惰性にならないようにしています。正面打ちから全力で打ち込み、左右面は相手の打突部位に向かって打つようにします。左拳が身体の中心から外れると、左右面は正しく打てなくなります。苦しくても左拳を正中線から外れないようにして行なうようにしています。

また最後の正面打ちは苦しくても息を継がずに行なうようにしています。すべてを出し切るような気持ちで大きく、正しく、力強く打つようにしています。

冒頭に紹介したように、わたしの稽古は主に朝を利用した約1時間です。地味な作業ですが、基本稽古を中心とし、実力を着けていきたいと思います。

第51回全日本剣道選手権大会

近本巧　6試合の攻防

2分8秒の速攻、近本必勝の面
互いに一本を求め続けた鮮烈な一戦

立ち上がり左展開しながらスルスルっと歩み足で近本選手が出る。同門の愛知県警の安藤選手も呼応するかのようにやや右に動き引かない構え。両者すでに一足一刀を超えてかなりの近間となる。一触即発、手を伸ばせば届きそうな距離だ。

つくり直してから、膝をタメながら安藤選手が下から色を見せるが、近本選手は浮くどころかさらに下からククッと攻めを利かせて前に詰め寄る。安藤選手は軽やかに数歩引いて持ちこたえると、今度は上から小手に色を見せて牽制する。近本選手が引かずにとどまったため間詰まりとなり、鍔ぜり合いとなる。

次いで三合目。近本選手がパッ、パッ、パッと足を送り、タメをつくり安藤選手に詰め寄る。先ほどつり出されてしまっただけに安藤選手も我慢しつつ足で間合をかせぐ。相手をたぐり寄せておいての出端面は安藤選手の得意技。それを充分に熟知しているだろう近本選手だが、一切の色を見せずにストレートに面に出る。安藤選手が板一枚分右にさばいて出たから肩を痛打するに至ったが、恐るべき初太刀がこの一戦の流れをつくり上げた。

次いで四合目、ここまでの劣勢を取り戻すかのように安藤選手が上から攻めを利かせて前に出る。軽く跳びさがって間合を確保した近本選手は、さらに詰めて出ようとする安藤選手の右足が宙に浮いているとき、豪快な出端面を放ち、これが鮮やかに安藤選手をとらえた。まさに電光石火、会場もあまりの出来事に嘆声とも怒号ともつかない騒然とした雰囲気につつまれた。

二本目に入ってからも近本選手の攻めが止まらない。パッ、パッと攻めを利かせながら安藤選手を圧しさげていく。そして間詰まりから相面。両者ともやや流れていたが、攻め勝っている分、近本選手が先だ。なんとか自分のペースをつくりたい安藤選手だが、近本選手が攻めどまらないため、いかんともしがたい。ややあって同じように下から攻め入った近本選手が面に伸びると安藤選手も面に合わせたが、完全に後になってしまい近本選手が一直線に面を打ち抜いた。

どんなに競っても左脇が崩れない近本選手は、ここ数年の選手権に新風を吹き込んだと言えよう。互いに逃げずに捨てた技で一本を求め続けた両者の戦いぶりは、過去50回の大会から未来へ踏み出す幕開けにふさわしい鮮烈な一戦として多くの人に語り継がれるだろう。

決勝●近本　巧（愛知）㋱メ――　安藤戒牛（愛知）

「勝率は７対３くらいで安藤選手です」という近本選手だったが、決勝戦では歴史に名を残す会心の面を連取した（写真は二本目）

準決勝●近本　巧(愛知)㋱——　田崎智春(福島)

試合終盤、鍔ぜり合いから切れたところ。田崎選手がスルスルっと前に詰め、近本選手がさがる。田崎選手が竹刀を押さえ込もうとした瞬間、近本選手がそれをスッと下から裏に抜いてすかすと剣先が真っ直ぐに前に伸びる。見事に田崎選手の面をとらえ、一斉に白旗が三本上がる。鮮やかな出ばな面が決まった。

3回戦●近本　巧(愛知)メ――　杉本健介(兵庫)

延長４分30秒過ぎ、小手でひとつ牽制するように追い込んでおいてから、近本選手が下から回して打ちに入ると杉本選手が出小手に合わせる。近本選手がこの小手をたたき伏せるように鋭く小手面にわたり、一本を決めた(写真)。

4回戦●近本　巧(愛知)ツ――原田　悟(東京)

延長戦に入っての初太刀は、原田選手の小手だった。長い勝負が予想されたが、間詰まりで原田選手の剣先がさがった瞬間、近本選手が出ばな面のタイミングで諸手突きを放った。これが見事に決まった(写真)。

2回戦●近本　巧(愛知)メ——　肱岡明洋(大阪)

この一戦はキリキリと中心を攻め合う展開、肱岡選手の捨て身の面に近本選手がひやりとさせられる場面もあった。しかし、延長に入り、近本選手の豪快な面が決まった(写真)。

1回戦●近本　巧(愛知)メ――　塚本幹博(福岡)

勝負は延長戦に突入。大きく竹刀を振り上げて技を出す塚本選手に対し、近本選手は粘り強く機会をうかがう。そして鍔ぜり合いから一瞬の隙を衝いて引き面を決めた(写真)。

【初出】
髙鍋　進　剣道時代２０１４年９月号「髙鍋進の稽古」
寺本将司　剣道時代２０１２年５月号「寺本将司の稽古」
原田　悟　剣道時代２０１２年９月号「原田悟の稽古」
近本　巧　剣道時代２０１４年６月号「近本巧の稽古」

全《ぜん》日《に》本《ほん》剣《けん》道《どう》選《せん》手《しゅ》権《けん》者《しゃ》の稽古《けいこ》

平成27年10月31日　第１版第１刷発行
編　者　剣道時代編集部
発行者　橋本雄一
組　版　株式会社石山組版所
撮　影　徳江正之、西口邦彦
編　集　株式会社小林事務所
発行所　株式会社体育とスポーツ出版社
〒101-0054　東京都千代田区神田錦町1-13 宝栄錦町ビル3F
TEL 03-3291-0911
FAX 03-3293-7750
http://www.taiiku-sports.co.jp
印刷所　三美印刷株式会社

ISBN978-4-88458-295-1　C3075　Printed in Japan